NOTICE

BIOGRAPHIQUE ET NÉCROLOGIQUE

SUR TROIS MEMBRES DE LA FAMILLE D'A...

NOTICE

BIOGRAPHIQUE ET NÉCROLOGIQUE

SUR TROIS MEMBRES DE LA FAMILLE D'A...

Les poètes ont peint la mort sous les traits d'un moissonneur actif, aveugle, capricieux, mais assuré de ne laisser échapper aucun épi au fil acéré de sa faulx. En effet, aujourd'hui, la main de ce grand et docile ouvrier de Dieu coupe la paille de ce sillon et semble négliger le sillon voisin, pour revenir ensuite le dépouiller à son tour. L'épi est plus mûr, ou il l'est moins, qu'importe à la famille du moissonneur! tous les épis tomberont au passage de son tranchant inévitable. C'est de cette saisissante allégorie d'une réalité formidable et universelle, que se sert Jésus-Christ lui-même, quand il nous dit : « De deux personnes qui « travaillent dans le même champ, l'une sera prise « et l'autre laissée : de deux femmes qui font à la « même meule moudre leur grain, l'une sera frappée, « et l'autre épargnée » jusqu'à ce qu'un peu plus tôt, un peu plus tard, la seconde soit atteinte comme la première. Voilà ce qu'en peu de temps nous avons vu se réaliser dans l'une des plus honorables maisons de notre ville, dans la malheureuse et si intéressante famille d'A.... Aveugle moissonneur, conduit par la main invisible de Dieu, en moins de deux automnes, la mort a coupé dans ce champ un épi à demi-mûr, puis un épi qui l'était davantage, puis un troisième qui l'était moins que le premier. En quelques mois, du bout de son sceptre impitoyable, la pâle souveraine du monde a frappé trois fois à la porte de la même demeure. Les cordons de pierre de Volvic, qui ornent cette magnifique habitation, sont devenus comme des crêpes funèbres qui annoncent au passant sa désolation et son deuil ; sa toiture d'ardoise, comme le couvercle sombre d'un superbe tombeau. Vos jugements et vos coups, Seigneur, sont justes ! mais qu'ils sont impénétrables et terribles !

Il y a quinze mois à peine, M. A. d'A.... s'en allait à 49 ans, au lieu de son repos, emportant dans la tombe les regrets du pays. Sa libéralité généreuse, son amour pour les ouvriers, l'amabilité de son commerce social, son *honorabilité*, la franchise de son caractère et plusieurs autres belles qualités lui avaient mérité une haute considération dans notre ville et dans le voisinage. Depuis l'avènement de la République, cette estime générale pour M. A. d'A... s'était manifestée par une nomination au grade de capitaine de la garde nationale, et par son entrée, l'un des premiers de la liste, au Conseil municipal. Tout le monde cependant savait que M. A. était légitimiste prononcé, et qu'il ne briguait pas les honneurs de la cité. Aux yeux des électeurs de 1848, même dans la ferveur républicaine du mouvement de février, l'homme de bien, l'ami du pauvre et du travailleur effaça l'homme politique. Ainsi en devrait-il être partout et toujours : place à toutes les opinions sérieuses et consciencieuses ! mais place plus large encore au dévouement, aux intentions sincères et désintéressées de l'homme de bien ! Peuple, comprends-le bien ! tu ne seras heureux que le jour où, pour t'administrer de près comme de loin, au sommet et à la base du pouvoir, tu sauras choisir tes véritables amis! tes amis, ce sont les hommes du caractère de M. A. d'A...., et non pas les ambitieux du bas ou du haut étage, qui te flattent pour servir leur égoïsme et leurs passions, et non pas les intrigants qui conspirent dans l'ombre et marchent durant les ténèbres : la nuit n'est pas l'atmosphère où vit et travaille l'homme de bien. Quand on est dévoué au bonheur de ses concitoyens, on marche à ciel ouvert et au grand soleil. Ainsi marcha et eût marché toujours M. A. d'A...

Visité de Dieu dans une longue maladie, M. A. s'est préparé à mourir, et il est mort en chrétien, muni plusieurs fois des trésors de la religion, des sacrements de l'Eglise. Et comment eût-il pu mourir autrement ? Outre la bonté de son cœur, outre ses aumônes abondantes, n'avait-il pas sous les yeux l'exemple de son vieux père, chrétien fervent? Outre l'ange invisible préposé à sa garde par le Seigneur, n'avait-il pas près de lui, sous une forme humaine, un ange visible et protecteur, sa sœur, fille toute dévouée au bonheur de

son frère pour cette vie et pour la vie future ? Je puis le
dire, parce que je l'ai vu, je n'ai jamais rencontré plus
d'union entre un frère et une sœur, jamais dans une
sœur un plus héroïque dévouement. Mademoiselle
A. d'A... eût mérité d'obtenir du ciel la conservation
de son frère. Pour la dédommager de son sacrifice, le
ciel lui a accordé son salut éternel. Sœur, elle a ressenti
vivement et amèrement sa perte ; chrétienne, elle a
espéré et s'est résignée. Pour notre malheur, Dieu n'a
pas mis à une assez longue épreuve l'espérance et la
résignation de la sœur dévouée. Trop vîte pour nous,
il a réuni ce qu'il avait séparé...

Après le fils, devait mourir le père. Ce n'est pas
l'ordre de la nature, si l'on peut appeler ordre ce qui
rencontre de si nombreuses exceptions. Néanmoins, en
voyant sortir de sa demeure la dépouille mortelle de
M. A..., le bon vieillard put s'écrier : « Ce n'était pas
« à toi, ô mon fils bien aimé, à partir le premier,
« mais bien à moi, pauvre et infortuné octogénaire! »
Nous l'avons déjà observé, la mort est un moissonneur capricieux ; elle sait bien d'ailleurs revenir sur ses
pas, pour reprendre ceux qu'elle semble avoir oubliés
en passant une première fois. A quinze mois donc d'intervalle, jour pour jour, 18 août 1849, 18 novembre 1850, M. d'A... père s'en va retrouver au champ
du repos le corps de son fils aimé. Son âme aussi ira
retrouver celle de M. A... ; car ayant depuis bien des
années vécu en chrétien fervent et pratique, il mourut
en chrétien. Je ne le mets pas en question : la vie si
édifiante du père, la mort si chrétienne du père et du

fils sont les conquêtes de la piété de l'épouse et de la mère, de la fille et de la sœur. Dans une famille, une femme profondément chrétienne, c'est l'ange du Seigneur assis au foyer domestique. Ses exemples et sa conversation, sa patience et ses légitimes complaisances préparent les voies à la grâce céleste : sa prière l'obtient et gagne tôt ou tard l'époux ou le frère à Dieu. Il est bien difficile de résister toujours à cette puissance de la foi et du cœur. Nous recommandons cette observation d'expérience aux épouses et aux filles chrétiennes !...

M. d'A... père a été un homme très-honorable et très-honoré durant sa longue carrière. Intelligent, animé de l'amour du bien, administrateur zélé et ferme, dans notre siècle de vicissitudes politiques et de fluctuations d'opinions, sans mentir à sa loyauté ni à ses convictions, il a pu rester vingt-huit ans maire de notre cité, et l'étoile de l'honneur est venue légitimement, avant 1830, récompenser ses longs services. Nous savons que dans ses dernières années, il refusa un avancement dans l'ordre de la légion, parce qu'il ne voulut pas tenir une croix plus honorable d'une main qui ne l'était pas à ses yeux. Honneur à cette noble délicatesse! elle est bien rare de notre temps ; elle n'en est que plus glorieuse et plus digne de mémoire. Elle ne doit pas nous surprendre dans un homme qui sut émigrer pour rester fidèle à ses principes, et qui ne connut jamais qu'un seul drapeau.

Ce qui ne contribua pas peu à concilier à M. d'A... père la considération générale, ce fut son savoir-vivre exquis, le charme et l'intérêt de sa conversation, la bonne harmonie qu'il conserva toujours dans ses rapports de voisinage ou d'affaires ; il n'eut jamais de procès avec personne. Né d'une famille qui, depuis bien longtemps, occupe un rang distingué dans le pays de Montbrison, et dont l'un des membres, après un grand service rendu à sa ville natale, vient de recevoir une marque signalée de la confiance du gouvernement, M. d'A... père habita durant sa jeunesse et parcourut l'Italie. A quatre-vingt-cinq ans, ses souvenirs étaient aussi frais que dans ses premiers jours. Il parlait avec une singulière complaisance de Venise, des restes de la grandeur passée de cette République, de ses gondoles et des îles dont ses plages sont semées. A cette occasion, il ne manquait jamais de célébrer le service que dans cette terre étrangère il avait reçu d'un négociant français. Il eut toujours à un haut degré la mémoire du cœur. Il avait lu beaucoup, et il a lu jusqu'à la fin. Dans la dernière année de sa vie, nous lui avons prêté plus de quinze volumes in-octavo. Combien de jeunes gens n'en lisent pas autant en plusieurs années ? Il lisait avec fruit : dans nos rapports, il aimait à nous rendre compte de ses lectures. Il le faisait avec une précision bien rare à son âge. Chez M. d'A... père l'ouïe avait pu s'affaiblir : l'intelligence et le sentiment étaient restés à l'état de jeunesse, et nous pouvons à juste titre lui appliquer ce bel aphorisme : « L'homme « de cœur ne vieillit jamais. » Vif de caractère, il était bon pour les ouvriers et pour les pauvres. Président de la conférence de Saint-Vincent-de-Paul, il faisait largement aux dépens de sa bourse les honneurs de sa présidence. Les regrets de tous l'ont accompagné à son tombeau, et son souvenir restera vivant dans la mémoire de ses concitoyens.

La mort sera-t-elle rassasiée de ces deux premières victimes prises sous le même toit et en si peu de temps? Non, il lui en faut une troisième, mais une victime plus jeune que les deux premières, mais une victime des plus précieuses de notre troupeau : c'est à la fille du bon vieillard, c'est à la sœur dévouée de M. A. d'A... c'est à mademoiselle A... que cette fois pour la troisième, la mort s'adressera. Il nous est bien permis de le répéter, ô mon Dieu, vos jugements et vos coups sont justes ; mais qu'ils sont terribles et impénétrables ! Pourquoi nous avez-vous enlevé si vite celle qui pouvait et voulait si ardemment travailler à votre gloire ? Pourquoi avez-vous retiré aux pauvres leur mère, aux orphelins leur tutrice, aux bons un modèle d'édification ? Pourquoi avez-vous retiré à un infortuné pasteur sa providence visible, son trésor, au moment même où ce trésor devait s'ouvrir plus largement aux besoins de l'indigence ? Sans doute, Seigneur, nous n'avons pas été trouvés dignes à vos yeux de conserver un trésor si précieux ! Sans doute, ô Dieu juste, les fautes du pasteur et du troupeau nous ont attiré ce châtiment ? Et puis, rapide dans sa course, les mains pleines du mérite de ses bonnes œuvres et de ses souffrances, ayant en peu d'années beaucoup vécu, Mademoiselle A... a été trouvée mûre pour le Ciel. Que votre nom soit béni, Seigneur ! que votre volonté soit faite ! Nous avons besoin de toute notre résignation pour prononcer ce *fiat*! Pour nous consoler de cette perte immense, nous avons besoin de la presque certitude du bonheur de cette pieuse fille. Elle priera pour nous, elle s'intéressera à nos bonnes œuvres, voilà ce qui tempère un peu l'amertume de notre douleur. Et qu'on ne taxe point d'exagération les épanchements de notre peine! Dans une paroisse, une personne posée et disposée comme Mademoiselle A. d'A..., est une mine d'or et un fécond instrument de toutes sortes de bien. Cela est plus vrai encore pour une paroisse où les grandes fortunes sont bien rares, où les grandes vertus ne sont pas plus communes. Si peu de zèle qu'il ait pour le bien, un pasteur peut-il rester indifférent à une telle perte?

Mademoiselle A. d'A... a été le modèle vivant de toutes les vertus propres à son âge et aux situations où elle s'est trouvée. Elle avait reçu de Dieu une de ces heureuses natures que l'éducation et la piété façonnent facilement. Aussi fut-elle à la pension l'exemple et la bien-aimée de ses compagnes, la consolation et l'affectionnée de ses maîtresses. Elle puisa dans le pensionnat dirigé par les Dames de Nevers, à Nevers même, les germes de cette piété aimable, profonde et humble, qui nous l'a montrée si grande à son lit de mort. Revenue à la maison paternelle, elle fut le bonheur de ses parents. Elle eût pu faire la félicité d'un époux, la fortune d'une famille. Soigner les vieux jours de son père et de sa mère, tout en suivant les attraits de son amour pour Dieu, tel fut le premier motif qui lui fit refuser les partis brillants que sa naissance, sa richesse et ses qualités lui offrirent. Mais bientôt à ce premier motif vint s'en joindre un second qui voua librement et pour toujours cette excellente fille au célibat. L'épouse de son frère mourait à vingt-six ans , laissant deux enfants , l'un âgé de neuf ans et l'autre de quelques jours. Nous n'avons pas eu l'honneur de connaître cette jeune femme; mais ce que nous en rapporte la tradition , nous atteste assez qu'elle était digne de la famille dans laquelle elle était entrée. Naturellement spirituelle , cultivée par les soins d'une solide éducation , douée d'un jugement vif et pénétrant, Madame Alix , née M. L..... , faisait par la gaieté de son humeur , par la finesse et le sel de sa conversation , le charme de la société. Son cœur ne valait pas moins que son esprit : pourquoi Dieu nous a-t-il donné de la fortune, disait-elle souvent , sinon pour faire du bien et soulager les pauvres? Joignant l'action à la parole , elle se dérobait aux joies de la famille pour aller porter aux familles souffrantes et indigentes son aumône et ses consolations.

Nous avons dit que cette jeune femme laissa en mourant deux enfants en bas âge. Ils n'ont plus de mère , dit alors Mademoiselle A. d'A.., je me constitue la leur, autant et aussi longtemps qu'ils en auront besoin. A cette parole de dévouement, M. A... retira l'anneau d'alliance du doigt de son épouse qui venait de mourir, pour le passer au doigt de sa sœur. Tout le monde sait qu'elle a rempli les devoirs de la maternité adoptive avec toute la tendresse et toute la sollicitude d'une véritable mère. Nous avons vu par nous-même de quels soins elle entoura toujours l'enfant qu'elle appelait sa fille et qui lui donnait le doux nom de mère, ou de chère amie. Enfant trois fois orpheline à 13 ans, si vous ne pouvez recevoir les baisers de vos mères, ni les leçons de leurs lèvres, recevez la leçon de leurs exemples et de leurs vertus! Sur le désir de votre père mourant et par les soins de votre tante, heureusement placée dans une maison où les maîtresses ont pour leurs élèves des entrailles maternelles, dans une maison où la vertu et la science, la piété et le bon ton marchent ensemble pour se prêter une force mutuelle, travaillez à vous rendre digne des deux mères que vous avez perdues. Nous comptons sur vous pour être un jour notre consolation et la providence de nos malheureux.

Le dévouement de Mademoiselle A. d'A... ne se borna pas aux enfants. Toujours généreux et infatigable, il s'étendit à leur père. A toutes les heures, par l'action et la parole, par les soins et les conseils, elle témoignait à son frère la vivacité de ses sentiments; mais ce fut particulièrement dans la dernière maladie de M. A. d'A.... (maladie de huit grands mois) que la sœur montra à son frère toute la tendresse et toute la charité de l'épouse la plus dévouée. Depuis le premier jusqu'au dernier jour de l'épreuve, elle se cloua au lit ou au fauteuil du malade; partout où les médecins le conduisirent pour le rappeler à la santé, elle le suivit; elle lui rendit les services les plus pénibles, sans jamais se rebuter. Par tous les moyens que pouvait inventer son ingénieuse affection, elle lui adoucit les ennuis et les douleurs de l'infirmité. Elle pansait elle-même ses plaies ; elle préparait ses aliments , et ses lèvres les avaient toujours dégustés avant de les lui offrir. Son lit était le plus rapproché possible du lit de son frère. Combien de fois, au moindre bruit, à la moindre plainte du malade , Mademoiselle A.. ne vola-t-elle pas à la barre où l'appelait sa tendre charité ? Combien de fois en s'éveillant, M. A. d'A... ne vit-il pas son ange priant à son chevet? Tout en soignant le corps, Mademoiselle d'A... n'avait pas l'œil fermé sur les besoins de l'âme. Conserver la vie à son frère était l'objet de tous ses soins ; mais le sauver pour l'éternité était encore le plus ardent de ses désirs. Dieu, dans sa miséricorde, a exaucé sa prière et ses vœux sur ce dernier point. Nous l'avons déjà dit, M. A. d'A... est mort en chrétien. Quel bonheur pour la pieuse garde-malade, quand spontanément son frère lui dit qu'il voulait se réconcilier avec son Dieu par le sacrement de pénitence! Quel heureux jour pour sa piété, quand à Vichy, elle put conduire son cher malade à la table sainte, et communier avec lui! Quel bonheur encore quand le jour de l'Assomption, elle procura à ce frère bien-aimé le bienfait du Viatique divin et les autres secours par lesquels l'Eglise prépare ses enfants à passer du temps à l'éternité ! Il faut avoir assisté à ces scènes pour comprendre tout ce qu'elles avaient de délicieux, même en face des appréhensions d'une mort assurée et prochaine. Et ne pensez pas que, surchargée du poids de tous ses soins et de ses angoisses, la sainte fille négligeât un seul de ses devoirs, ou omît un seul

de ses exercices de piété. Elle avait du temps pour tout :
jamais son frère ne l'appela, sans qu'elle ne lui ait ré-
pondu ; jamais son Dieu ne réclama son tribut d'adoration, de communions et de visites aux saints autels,
sans l'avoir trouvée fidèle au rendez-vous. C'était là
qu'elle venait puiser sa force, son courage et son dévouement. Bel exemple pour les personnes qui manquent
toujours de temps pour les pratiques de la charité ou
de la piété! Bonne volonté, activité, ordre donnent des
heures pour toutes choses.

Je ne dirai pas ici comment se conduisit Mademoiselle
A. d'A.... au moment de la mort de M. A.... Elle fut
grande de douleur, de résignation et de sang-froid.
On voulait lui épargner le déchirant spectacle des
funérailles : « Non, dit-elle, je suivrai mon frère jus-
« qu'à la fin... Ne craignez pas! je serai courageuse. »
Je ne dirai pas les fréquentes visites au lieu où repose
maintenant son corps à côté de celui de son frère. Elle
aimait à s'y faire accompagner de nos sœurs de l'asile,
et là, avec ces pieuses filles de Dieu, elle épanchait
son cœur; elle sollicitait du ciel avec ferveur et larmes
la délivrance de l'âme de son cher défunt. D'autres
fois, elle confiait à sa tombe ses pensées et ses chagrins,
et semblable à la fille des Venèdes, appliquant, pour
ainsi dire, son oreille sur la pierre sépulcrale, elle de-
mandait à son frère courage et conseil. Je ne dirai pas
non plus ici son profond respect pour les volontés et
les intentions de ce frère bien-aimé. « Tout ce qu'il a
« fait, tout ce qu'il a voulu faire, disait-elle souvent,
« je le ferai autant que je le pourrai ». C'est à ce sen-

timent bien noble qu'est dûe la conservation d'une volière qui orne le jardin, d'une voiture que ses goûts simples n'aimaient pas ; c'est à ce sentiment bien délicat qu'est due la plantation de tel arbre, la culture de telle fleur. On trouvera peut-être là de la petitesse ? Petitesse, si l'on veut ! pour moi, je ne vois rien de petit dans les inspirations du cœur, ni dans ce respect minutieux des intentions d'un frère bien-aimé....

Il y a quelques jours, le père de Mademoiselle A.... tombe malade. L'ange de dévouement fraternel sera aussi l'ange du dévouement filial : la nuit et le jour, elle sera au chevet du vieillard, pour lui prodiguer les soins de sa tendresse. Elle aura le courage de lui proposer l'accomplissement des devoirs religieux de cette heure suprême. Habitué dès longtemps à la pratique des obligations du chrétien, comme nous l'avons dit plus haut, le pieux malade s'y prêtera bien volontiers à ce moment final, surtout en s'entendant proposer ces importants devoirs par la bouche et par le cœur de sa fille chérie. Sur le point d'expirer, M. d'A... verra Mademoiselle A...., déjà atteinte du mal qui nous l'a enlevée, quitter sa couche pour venir recevoir le dernier soupir de son père et lui fermer les yeux. Quel courage, ô mon Dieu ! et d'où venait-il à cette excellente fille ? Etait-ce un des fruits de la bonne nature qu'elle avait reçue du ciel ? oui, sans doute, mais c'était un fruit de cette nature cultivée, fécondée, perfectionnée par la foi; car si Mademoiselle A..... posséda toutes les conditions d'un heureux naturel, cœur tendre et affectueux, sensibilité vive, inclination au bien , elle acquit à un plus haut degré encore toutes les vertus surnaturelles et divines. Piété fervente , aimable et bien entendue, humilité profonde que révélait tout son extérieur , abnégation au-dessus de toute épreuve, égalité d'humeur imperturbable , simplicité , fermeté, douceur, charité de paroles et d'actions , tout se réunissait en elle pour en faire une de ces chrétiennes d'élite que la religion peut montrer à ses amis et à ses ennemis, pour la gloire des uns , et pour la confusion des autres. Que la philosophie nous façonne une femme semblable à Mademoiselle A.., et nous lui reconnaitrons des titres à se dire l'égale de la foi et de la morale du Christianisme !

Durant quatre années de rapports fréquents et intimes, nous avons pu apprendre ce que valait cette excellente personne ; et cependant, nous le disons de profonde conviction , il y avait en elle tant d'oubli d'elle-même , tant de sincère humilité , qu'il a fallu la dernière semaine de sa vie , pour nous la révéler dans toute sa beauté. On m'a toujours crue meilleure que je ne suis , nous disait-elle dans ses derniers jours : « J'avais « l'apparence de quelques vertus ; mais je ne suis pas « vertueuse. » Quelle modestie ! Une fièvre ardente et continue lui arrachait-elle quelques plaintes ? « Je ne « suis pas patiente ! Je fatigue les personnes qui ont la « charité de me servir. » Tous les témoins de sa maladie diront qu'ils n'ont jamais vu ni plus ni mieux souffrir. « Croyez-vous que le bon Dieu me fasse miséri- « corde, » nous demanda-t-elle plusieurs fois. — Ayez confiance, Dieu est juste , et vous l'avez aimé. — Non ,

répliquait-elle, « pas comme je l'aurais dû ! Je ne suis
« qu'une misérable pécheresse. » Puis elle ajouta :
« Cependant, il faut bien avoir confiance en Dieu : se
« défier de sa bonté, ce serait l'outrager. » Quand elle
voyait auprès d'elle les personnes empressées à la servir ou à la distraire, elle leur tendait affectueusement
la main, et leur disait: « Oh ! que vous êtes donc bon-
« nes ! Que vous ai-je donc fait, pour vous dévouer
« ainsi à mon service ? » Il est vrai de dire que Madame de M... sa tante, et Mademoiselle J... s'oublliè-
rent elles-mêmes et ne tinrent aucun compte de la faiblesse de leur tempérament, pour soigner jour et nuit
notre précieuse malade. Il est vrai d'ajouter aussi que
les domestiques de la maison ont été admirables d'activité, de dévoûment et de persévérance dans leurs services. La résignation de Mademoiselle A... était admi-
rable. « Ne croyez pas que je désire mourir, disait-elle,
« non : je serais peut-être encore un peu utile à ma
« pauvre mère, à ma chère petite fille? Cependant,
« que la volonté de Dieu s'accomplisse, et non pas la
« mienne ! Je me remets avec tous les miens entre les
« mains de sa bonne providence. » On lui proposa
d'appeler un médecin de Clermont. « C'est inutile, »
répondit Mademoiselle A... « Dieu sait bien ce qu'il
« veut faire de moi. » — Mais ce sera pour notre tran-
quillité ; vous ne voulez pas contrister vos amis ; votre
neveu le réclame — « Eh bien ! soit ! qu'il vienne. » Ce
mot était à peine prononcé que M. M... de M..., le parent
dévoué, le jeune homme à la haute raison et au cœur
généreux, était sur la route d'Auvergne, et quinze

heures après , il introduisait dans la chambre de la malade M. le docteur P.. jeune , qu'il avait enlevé d'assaut à sa nombreuse clientèle. Hélas ! il n'arrivait que pour constater qu'il était trop tard !..

Dès les premiers jours de la maladie, Mademoiselle A.... avait elle-même demandé le Saint Viatique: il lui fut administré, et elle le reçut avec une piété angélique. Comme nous différions de lui administrer le sacrement de l'Extrême-Onction : « Dites donc à M. le curé que « cela me fera plaisir. C'est un remède divin qui peut « donner aux remèdes naturels la puissance de me « guérir. » Quand nous lui fîmes les onctions sur les différents sens, elle nous demanda s'il n'y en avait pas une pour le cœur Quelle candeur ! pauvre sœur, pauvre fille , pauvre mère adoptive ; vous seriez-vous reproché d'avoir trop aimé votre frère , votre père et vos enfants d'adoption. Une autre fois elle nous dit : « M. le « curé, ne laissez aucun des secours de la religion , « sans me l'appliquer ! Ne craignez pas de me frapper! « S'il est permis de travailler à conserver la vie du « corps , il est plus utile encore de se préparer à bien « mourir ! » Le lendemain qu'elle eût reçu le dernier sacrement et l'indulgence plénière, elle nous demanda si nous ne pourrions pas lui apporter une seconde fois la Sainte Eucharistie. — Mais sans doute c'est notre intention. « Ne faut-il pas huit jours d'intervalle ? » nous observa la pieuse malade. — Pour les chrétiens ordinaires peut-être ; mais pour vous, qui en santé receviez si souvent Notre Seigneur , il n'y a pas d'intervalle fixé. Je vous communierai après-demain. — « Merci, ô mon

« Dieu! » Nous lui offrîmes alors de lui renouveler deux fois par jour la grâce de l'absolution sacramentelle; elle accueillit cette proposition avec tout l'empressement de sa foi et de son humilité; et à chaque fois, avec quelle ferveur ne reproduisait-elle pas l'acte du repentir !

Au milieu de toutes les pensées de la piété, Mademoiselle A.. d'A... n'oubliait pas ses devoirs d'état, ni les bonnes œuvres qu'elle avait commencées en santé. Elle pourvut au tirage de ses vins; elle envoya chercher le bois destiné aux pauvres; selon sa coutume, le jour de notre fête patronale, elle fit habiller une petite enfant indigente. Elle commanda la pierre tumulaire de son père : cette tombe devait être semblable à celles de son frère et de sa belle-sœur. Hélas ! nous ne voulions pas penser qu'elle eût pu en même temps nous commander la sienne !.. Notre malade, dévorée par une fièvre ardente, recommandait souvent de bien recevoir les personnes qui venaient la visiter. Mon Dieu ! quel calme ! quelle présence d'esprit ! Le samedi qui précéda sa mort, elle eut le courage d'écrire elle-même ses dispositions testamentaires. Sa piété fraternelle et filiale les lui inspira. Elle a pourvu au bien spirituel de ses proches et à celui de son âme. Durant sa vie, bienfaitrice de la maison du Seigneur, zélée pour la décoration des autels qu'elle ornait de ses mains, elle a voulu continuer même après sa mort cet office de la religion. Nous avons entendu regretter, nous avons regretté nous-même que Mademoiselle A.. n'ait rien laissé aux pauvres et aux orphelins qu'elle aimait si tendrement. Nous

croyons que la fatigue de la maladie, l'espérance de
pouvoir se reprendre ont été la cause de cette omission.
Et puis, elle a bien pu penser (nous avons la conviction
que ce ne sera pas en vain), elle a pu penser que sa famille continuerait ses bonnes œuvres comme elle avait
elle-même continué les bonnes œuvres de son frère.
Dans cette maison précieuse, faire le bien est une tradition et un besoin.

Enfin arrive la dernière nuit de notre héroïne de patience, de piété, de charité et de paix. Qu'on me passe
de lui donner ce grand nom ! Beaucoup d'autres femmes l'ont reçu, sans l'avoir mieux mérité. S'il y a hé-
roïsme de vertus éclatantes et publiques, il y a aussi hé-
roïsme de vertus cachées et privées. Pour briller d'un
éclat moins radieux, le second n'est pas moins beau
que le premier; il est souvent plus difficile à atteindre.
Le martyre du sang est parfois plus facile que le martyre de la charité. Le soir, Mademoiselle A.. nous demanda de vouloir bien lui faire la prière. O mon Dieu !
avec quelle ferveur ne la fîmes-nous pas ? Comme nous
aurions voulu fléchir le Ciel et obtenir un miracle pour
conserver notre trésor ! La malade récita avec nous
toute la prière. C'était dans cette précieuse famille
comme dans les familles des bons vieux temps, l'usage
de rendre à Dieu ce devoir en commun. Maîtres et ser-
viteurs, tous se réunissaient au salon, pour se confon-
dre dans l'acte d'adoration en présence du Seigneur
des maîtres et des domestiques Cette dernière soirée de
Mademoiselle A.. a été semblable aux autres soirées de
sa vie. Autour de son lit de souffrance qui, à quelques

heures de là, devait être son lit de mort, tout le monde se rassembla et pria. Après l'oraison ordinaire où la pieuse fille ne voulut pas qu'on oubliât le *de profundis* pour son père, nous fîmes à notre malade la lecture de l'acte d'abandon, tiré des œuvres de Bossuet. Cette notice n'a pas pour but unique de rapporter ce qui s'est passé dans cette circonstance, l'une des plus solennelles de ma vie sacerdotale. Elle tend encore, elle tend surtout à édifier ceux qui la liront. C'est à ce titre que nous réclamons la permission de transcrire ici cet acte d'abandon. On jugera si cette formule convenait au moment. « Mon Dieu, qui êtes la bonté même,
« j'adore cette bonté infinie ; je m'y unis, je m'appuie
« sur elle, plus encore en elle-même que dans ses
« effets. Je ne sens en moi aucun bien, aucunes bon-
« nes œuvres faites dans l'exactitude de la perfection
« que vous voulez, ni par où je puisse vous plaire.
« Aussi n'est-ce pas en moi, ni en mes œuvres que je
« mets ma confiance, mais en vous seul, ô bonté in-
« finie, qui pouvez en un moment faire en moi tout ce
« qu'il faut pour vous être agréable. Je vis dans cette
« foi, et je remets durant que je vis, jusqu'au der-
« nier soupir, mon cœur, mon corps, mon esprit,
« mon âme, mon salut et ma volonté entre vos divi-
« nes mains.

« O Jésus, fils unique du Dieu vivant, qui êtes
« venu en ce monde pour racheter mon âme péche-
« resse, je vous la remets. Je mets votre sang précieux,
« votre sainte mort et passion, vos plaies adorables et
« surtout celle de votre Sacré Cœur, entre la justice

« divine et mes péchés, et je vis ainsi dans la foi et
« dans l'espérance que j'ai en vous, ô Fils de Dieu,
« qui m'avez aimée et qui vous êtes donné pour
« moi. » Amen ! Bossuet ajoute : « Ne craignez pas
« avec cet acte qui efface les péchés en un moment ;
« faites-vous le lire dans vos peines ; tenez-le tant
« que vous pourrez entre vos mains ; et quand vous
« croyez ne pouvoir plus le produire, tenez-en le fond,
« et incorporez-le dans le plus intime de votre cœur. »
Après cette lecture que nous fîmes avec toute l'effusion
de notre âme (elle n'était pas difficile, nous étions tous
si profondément émus), nous demandâmes à notre
fervente malade : Ce sont bien là vos sentiments et
vos dispositions ? « Ce sont du moins ceux que je vou-
« drais avoir, me répondit-elle avec humilité. —Vous
« les avez par là même que vous les voulez avoir. »
— « Dieu vous exauce ! » Je lui dis adieu, elle me dit :
« A demain ! » Hélas le lendemain pour elle devait
commencer sur la terre et se continuer dans l'éternité.
Je laissai près d'elle nos deux sœurs de l'asile et M. le
curé de P., l'ami dévoué de la famille. Au moindre
signe d'un danger plus prochain, on devait m'avertir.
Il parait que le reste de la soirée, c'est-à-dire, depuis
neuf heures jusqu'à minuit, se passa dans des alterna-
tives de repos, de prières et de recommandations. Le
repos était l'effet d'une potion forcément calmante,
administrée par les médecins pour voiler à la malade
les approches de la mort, et pour en adoucir un peu
les douleurs. Triste ressource de l'art des hommes ! ils
n'ont pas un mot de consolation pour ce moment su-

prême : ils endorment le moribond. Bien plus heureuse la religion qui, dans la fuite du présent et l'abandon des choses de ce monde, armée de la foi et de l'espérance, ouvre aux yeux du mourant les portes d'un avenir bienheureux et éternel ! Plus heureux le prêtre qui, pendant que le médecin du corps constatait l'affaiblissement successif du pouls, faisait battre le cœur des sentiments de la piété et le réchauffait des feux de l'amour divin ! Notre malade voulut pendant la soirée qu'on lui récitât le chapelet et d'autres prières en l'honneur de Marie. Elle eut toujours tant de confiance en la Vierge-Mère, que ce sentiment ne pouvait l'abandonner à sa dernière heure. Heureux ceux qui meurent en invoquant les noms sacrés de Jésus et de Marie ! Malgré son extrême faiblesse, elle répondait à la partie de l'Oraison dominicale et de la Salutation angélique. On lui observa que cela pouvait la fatiguer : « Quand je prie, je ne sens plus de mal. » Quelqu'un trouvera peut-être que c'était l'accabler. Qu'il me permette de demander s'il eût mieux valu pour la malade d'être abandonnée à elle-même, à toutes les angoisses de l'imagination, à toutes les terreurs qui, au moment suprême de la mort, atteignent même les âmes les mieux disposées.

A minuit commença d'une manière plus sensible une douce agonie. A deux heures du matin, nous fûmes appelé. Après avoir renouvelé à notre sainte agonisante le bienfait de l'*absolution*, nous lui proposâmes de recevoir la sainte Eucharistie. « Je le veux bien, ce « sera un grand bonheur pour moi », telle fut sa réponse. Un quart d'heure après, nous étions au chevet de notre pieuse mourante, et nous tenions en nos mains le corps de Jésus-Christ notre Sauveur. Oh! qu'il est bon le Dieu des chrétiens! il réside sans cesse pour nous sur ses autels; mais il sait les quitter, même au milieu des ténèbres de la nuit, pour aller nourrir l'âme souffrante qui le désire! Il nous est arrivé déjà plusieurs fois de porter le saint Viatique durant la nuit. Si quelque mécréant nous a rencontré, à notre costume, à voir le clerc qui nous accompagnait, à entendre la sonnette qui nous annonçait, il a pu nous prendre pour un fou. Folie, si l'on veut!.., mais c'est là folie du Dieu de la Croix qui nous conduisait : qu'on nous la pardonne !

En offrant la sainte hostie à notre malade, selon l'usage, nous lui demandâmes : Croyez-vous que ce soit là le véritable corps de Notre Seigneur?—« Oh ! oui, je « le crois de tout mon cœur !—L'aimez-vous?—De toute « mon âme. »—Dites donc trois fois avec moi : *Seigneur, je ne suis pas digne que vous entriez dans ma maison, mais dites une parole, et mon âme sera guérie!* Elle répéta cette prière trois fois avec une grande ferveur, puis elle avança doucement la langue sur ses lèvres, et reçut très-facilement le pain des anges, le pain du voyageur qui part pour les rivages de l'éternité. Elle s'unit à l'action de grâces que nous fîmes pour elle ; elle demanda et suivit les prières des agonisants. Pour cette recommandation de l'âme, nous nous servîmes de la formule du rituel romain. Cette formule est en français. Ce sont d'abord des actes de foi et d'adoration aux trois personnes divines ; c'est ensuite l'oraison de St-Vincent, pour obtenir de conserver jusqu'à la fin la liberté des sens et de la parole, la connaissance de l'esprit et le sentiment du cœur. Mademoiselle A... a été complètement exaucée dans cette prière ; elle n'a pas été cinq minutes privée de la conscience d'elle-même, elle a pu exprimer ses pensées presque jusqu'au dernier soupir. Après les deux premiers actes, viennent les actes de contrition, de foi, d'espérance, de désir, de résignation, d'acceptation, de demande et d'humilité! Admirables et affectueuses formules, bien propres à insinuer dans l'âme les sentiments qu'elles expriment! Je demandai à la malade si je ne la fatiguais pas : « — oh non : vous me faites du bien! » Je lui lus alors dans Bossuet l'acte d'union de notre agonie à celle de J.-C., notre Sauveur : pour le motif que j'ai dit plus haut, je transcris ici encore cette touchante prière.

« Mon Dieu, je m'unis de tout mon cœur à votre
« divin Fils Jésus qui, dans la sueur de son agonie,
« vous a présenté la prière de tous ses membres in-
« firmes... O Dieu, vous l'avez livré à la tristesse, à
« l'ennui, à la frayeur, et le calice que vous lui avez
« donné à boire, était si amer et si plein d'horreur,
« qu'il vous pria de le détourner de lui. En union avec
« sa sainte âme, je vous le dis, ô mon Dieu et mon
« Père, détournez de moi ce calice horrible! Toutefois
« que votre volonté soit faite et non pas la mienne!
« je mêle ce calice à celui que votre Fils, notre Sau-
« veur, a avalé par votre ordre. Il ne fallait pas un
« moindre remède, ô mon Dieu! je le reçois de votre

« main avec une ferme foi que vous l'avez préparé
« pour mon salut et pour me rendre semblable à
« Notre Seigneur. Mais, ô Sauveur, qui avez promis de
« ne pas nous mettre à des épreuves qui passent nos
« forces, vous êtes fidèle et véritable : je crois en
« votre parole et je vous prie par votre Fils de me
« donner de la force ou d'épargner ma faiblesse.

« Jésus, mon rédempteur, nom de miséricorde et
« de grâce, je m'unis à la sainte prière du Jardin, à
« vos sueurs, à votre agonie, à votre accablante tris-
« tesse, à l'agitation effroyable de votre sainte âme,
« à vos ennuis, à la pesanteur de votre immense dou-
« leur, à votre délaissement ; je m'unis au spectacle
« affreux que vous fit voir la justice de votre père ar-
« mée contre vous, à votre anéantissement et aux pro-
« fondeurs de vos humiliations, qui font fléchir le ge-
« nou devant vous à toutes créatures. En un mot, je
« m'unis à votre croix et à tout ce que vous choisis-
« sez pour crucifier l'homme. Ayez pitié de tous les pé-
« cheurs et de moi qui suis la première de tous ! Con-
« solez-moi ! convertissez-moi ! anéantissez-moi ! Ren-
« dez-moi digne de porter votre livrée ! Amen ! »

Nous suspendîmes alors toute lecture et toute prière
suivies. Nous nous bornions à répéter de temps en temps
avec effusion les noms sacrés de Jésus et de Marie, ou
bien l'acte d'abandon : Mon Dieu, je vous remets mon
corps... mon âme... mon cœur... tout moi-même... à
chaque mot, nous faisions un silence pour laisser goû-
ter à notre malade la pensée. L'agonie marchait bien
rapide ; Mademoiselle A... renouvela d'elle-même son

acte de Contrition ; nous lui renouvelâmes pour la dernière fois le bienfait de l'absolution. La malade ne prononça plus aucunes paroles bien distinctes. Elle chercha quelque chose de la main. Je lui présentai mon livre : ce n'était pas ce qu'elle voulait. Je lui donnai mon crucifix. Elle voulut le porter à sa bouche ; mais son bras ne put se courber ni se diriger vers ses lèvres ; je l'aidai dans ce mouvement. Elle fit un dernier effort pour embrasser encore une fois l'image de Notre Seigneur, et après trois minutes encore, elle expira doucement, conservant dans ses traits la sérénité de son âme. Présent à cette scène, M. A. d'A..., son neveu, lui rendit le dernier devoir. Il déposa un baiser sur le front de sa tante, et lui ferma les yeux, comme dix jours auparavant la tante les avait fermés à son vieux père. Oh ! qu'il fait bon voir mourir des personnes ainsi trempées et ainsi préparées par une vie sainte, à ce dernier et solennel moment ! Les chrétiens indifférents meurent dans l'insensibilité ; les impies meurent dans les convulsions du désespoir et en blasphêmant Dieu ; ils sont agités par des fantômes hideux, bourrelés par les remords d'une conscience longtemps méprisée. Chez eux la séparation de l'âme et du corps se fait laborieusement. Pour le juste, pour le chrétien véritable, la mort est pleine de calme et de paix. Pour les uns et pour les autres, c'est dès ce monde le commencement du sort qui les attend pour l'éternité.

Dans ce récit de la vie et des derniers moments de ces trois membres d'une très-honorable famille, nous avons omis bien des traits, bien des circonstances d'un

haut intérêt. C'est une notice et non pas une histoire
que nous avons voulu faire. En particulier dans la
relation de la mort de Mademoiselle A.., nous avons
omis bien des paroles, bien des faits édifiants qui mon-
traient et la grande piété et le calme profond de cette
âme d'élite. Nous n'oublierons pas qu'à trois heures,
c'est-à-dire, trois quarts d'heure avant sa mort, voyant
sortir de sa chambre son docteur, qui n'avait pas de
bougie pour s'éclairer, Mademoiselle A... appela son
neveu pour rendre à M. L. ce bon office. Nous n'oublierons pas qu'à notre dernière exhortation pour la
porter à unir ses souffrances aux souffrances de Jésus-
Christ en croix, elle nous répondit : « Hélas! que pour-
« rais-je faire de mieux? » Elle nous recommanda sa
vieille mère ; elle offrit son sacrifice pour le bonheur
de son neveu et de sa nièce ; elle nous demanda de
ne l'oublier jamais dans nos prières. Elle a déposé
dans le sein du prêtre, ami dévoué de la famille, les
mêmes recommandations et la précieuse demande.
Aux sœurs de l'asile, qui la veillaient, notre malade
avait dit : « Vous êtes donc venues passer avec moi
« ma belle nuit? n'ayez pas peur, je ne vous effraierai
« pas ! » Non, fille excellente, vous n'avez effrayé personne par le spectacle de votre mort; vous avez au con-
traire édifié tous ceux qui en ont été les témoins. Nous
n'hésitons pas à le croire et à le dire : notre Seigneur
que notre malade a reçu une heure avant sa mort, l'a
conduite lui-même au ciel, et là son jugement a été
doux pour sa bien-aimée.

Une heure après le décès, les mains de l'amitié qui

l'avaient servie durant la maladie, lui rendaient les derniers devoirs. Son corps fut lavé selon l'usage. On la revêtit d'une robe blanche, symbole de sa virginité. On lui passa au cou un fichu qui appartenait à sa chère petite nièce. Ainsi l'avait-elle recommandé ; la pauvre enfant n'a pas eu le douloureux bonheur d'embrasser sa chère amie à son dernier moment. La tendresse de la tante s'est fait une douce illusion, en voulant avoir le cou enlacé d'un mouchoir qui était à sa petite fille. Un voile blanc para sa tête, comme au jour de sa première communion. Son front fut ceint d'une couronne de fleurs blanches, emblème de la couronne que lui ont tressée au ciel ses éminentes vertus. Dans cette parure, elle fut trouvée plus belle qu'elle n'avait été durant sa vie ; ses lèvres restèrent vermeilles, ses joues légèrement colorées, on eût dit qu'elle dormait du plus calme sommeil. La mort du juste est en effet un sommeil, un repos dans le Seigneur.

La malheureuse nouvelle fut rapidement répandue dans toute la ville : un grand nombre de personnes venaient ou envoyaient demander chaque matin le bulletin de santé de notre intéressante malade. Il n'y eut qu'une seule voix pour exprimer la douleur et les regrets. On eût dit que chacun avait perdu une parente ou une intime amie. St.-P. comprit ce qui lui était enlevé ; les pauvres, leur mère ; les orphelins, leur tutrice ; les âmes pieuses, leur plus éclatant modèle ; notre église, son plus précieux diamant. Cette douleur et cet intérêt se manifestèrent durant tout le jour, dans les nombreuses visites que notre ange reçut sur son lit de mort, et personne ne sortait sans s'écrier : Oh! qu'elle est belle! qu'il y a de calme et de sérénité dans ses traits! que sa figure réfléchit bien son âme! Cette douleur se fit jour avec plus d'éclat encore à ses funérailles. Un nombreux cortége de parents, d'amis et de personnes de toutes les conditions l'accompagna à sa dernière demeure. Les larmes étaient dans les yeux de tous les assistants ; le corps était porté par de jeunes filles vêtues de blanc : quatre tenaient les coins du poële funèbre. Durant l'office, ces jeunes filles, au nombre de douze, formèrent comme une couronne autour du catafalque sous lequel reposait la dépouille mortelle de Mademoiselle A. Les enfants du pensionnat Sainte-Marie et ceux de la salle d'asile assistaient à ce convoi. Le plus beau du cortége et l'éloge le plus éloquent de notre précieuse défunte, ce fut la multitude des pauvres qui assistèrent aux funérailles, ils pleuraient.... Quand le pauvre pleure, c'est qu'il comprend sa perte. A d'autres convois, le pauvre se réjouit, parce qu'ils lui valent une aumône. A celui de Mademoiselle A., le pauvre a versé des larmes, parce qu'il a compris que l'aumône du jour lui supprimait les abondantes aumônes de l'avenir.

J'ai cru devoir livrer cette relation à la publicité : de tels exemples ne sont pas faits pour rester enfouis dans l'oubli. J'en garantis les moindres détails, pas un mot d'exagéré ! pas un mot d'enthousiasme pieux ! C'est une satisfaction que j'ai voulu donner à mon cœur de pasteur, et un hommage posthume rendu en particulier à celle qui fut si humble durant sa vie. Je l'offre à ma paroisse comme une instruction salutaire, à la maison d'A.. et à ses amis nombreux, au neveu et à la nièce, comme un baume consolateur. Ce sera un parchemin qui ne déparera pas les autres parchemins de la famille.

J. B. M.

Inscription sur la tombe.

CI GIT

ÉLIZABETH-ANNA S. D'A.., DÉCÉDÉE LE 28 NOVEMBRE 1850, A L'AGE DE 45 ANS ;

BONNE NATURE CULTIVÉE PAR LA FOI, ELLE FUT LE MODÈLE DU DÉVOUEMENT FILIAL ET FRATERNEL, DE LA PIÉTÉ SOLIDE ET AIMABLE, DE LA CHARITÉ TENDRE ET DE L'HUMILITÉ LA PLUS PROFONDE.

MORTE COMME ELLE A VÉCU, SAINTEMENT, ET PLEURÉE DE TOUS, ELLE REPOSE AU SEIN DE DIEU.

www.ingramcontent.com/pod-product-compliance
Lightning Source LLC
Chambersburg PA
CBHW071422030726

47594CB00006B/2534